夜行バスで
出かけましょう

小川かりん

イースト・プレス

夜行バスで出かけましょう／もくじ

コラム

プロローグ

はじめまして小川かりんと申します！
岡山在住のイラストレーターです
晴れの国！
広島
岡山
四国
ここね
ちょくちょく上京したり出かけたり
プチ旅行と食べることが大好きです！
郷土料理食べ歩きたい
あと低山登山が楽しいです
旅の基本はのんびり一人貧乏旅行！
旅行が好きな方は多いと思いますが
観光はもちろん移動する時間も楽しくありませんか？
車・飛行機・新幹線…
移動手段も色々ありますよね

私がよく利用しているのは高速バスです！
他と比べて交通費がお安くなるから！
1000
100
というのもありますが…
ひょい
私はバスで過ごす時間が大好きなのです

窓から見える景色は、ゆっくりと変化していきます
お
兵庫県
Hyogo PREF.
隣の県に入った
県境にさしかかればワクワクするし
次は何市だったかな〜
次々と入れ替わる地名に記憶や思い出があふれだします
明石焼き食べたい…
あの子元気かな〜
バスを乗り継ぎ南へ向かえば
〜!!

南国の木だ!
進むほどに増える
ヤシの木に驚いて
外暑そう…
はたまた北へ向かう
夜明けのバスでは
ブルッ
寒っ
もう朝…
美しい
雪景色に
心を奪われ

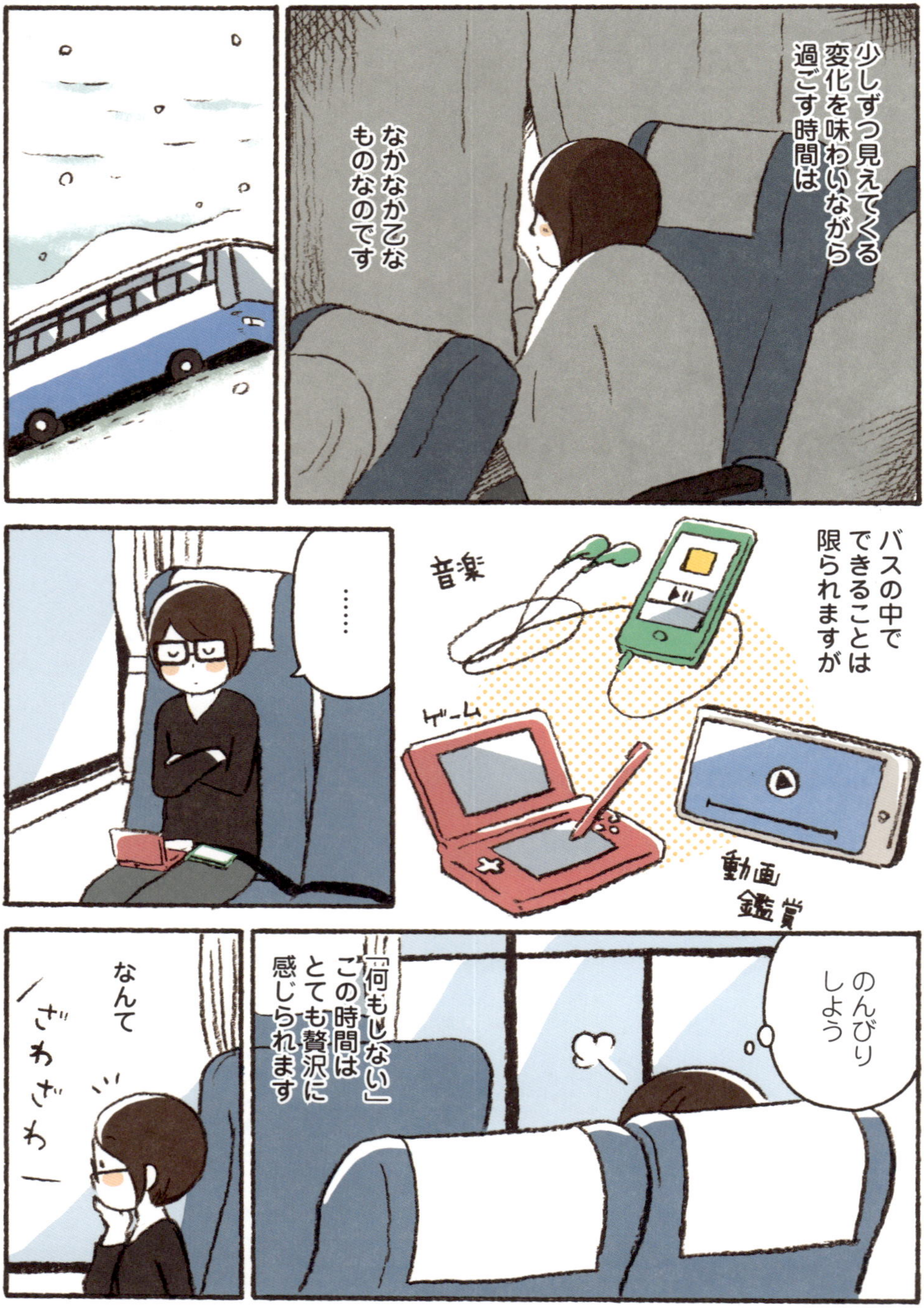
少しずつ見えてくる
変化を味わいながら
過ごす時間は
なかなか乙な
ものなのです
バスの中で
できることは
限られますが
音楽
ゲーム
動画
鑑賞
……
のんびり
しよう
「何もしない」
この時間は
とても贅沢に
感じられます
なんて
ざわざわー

ワイワイ
一人を楽しんでいると…
ガヤガヤ
こんにちは
すとんっ
！
あら一人旅？いいわね～！
お菓子あなたもどうぞ
女学校時代の集まりなのよ
たまたま乗り合わせた祖母世代のマダム達に囲まれて、おしゃべりに花を咲かす…なんてこともありました

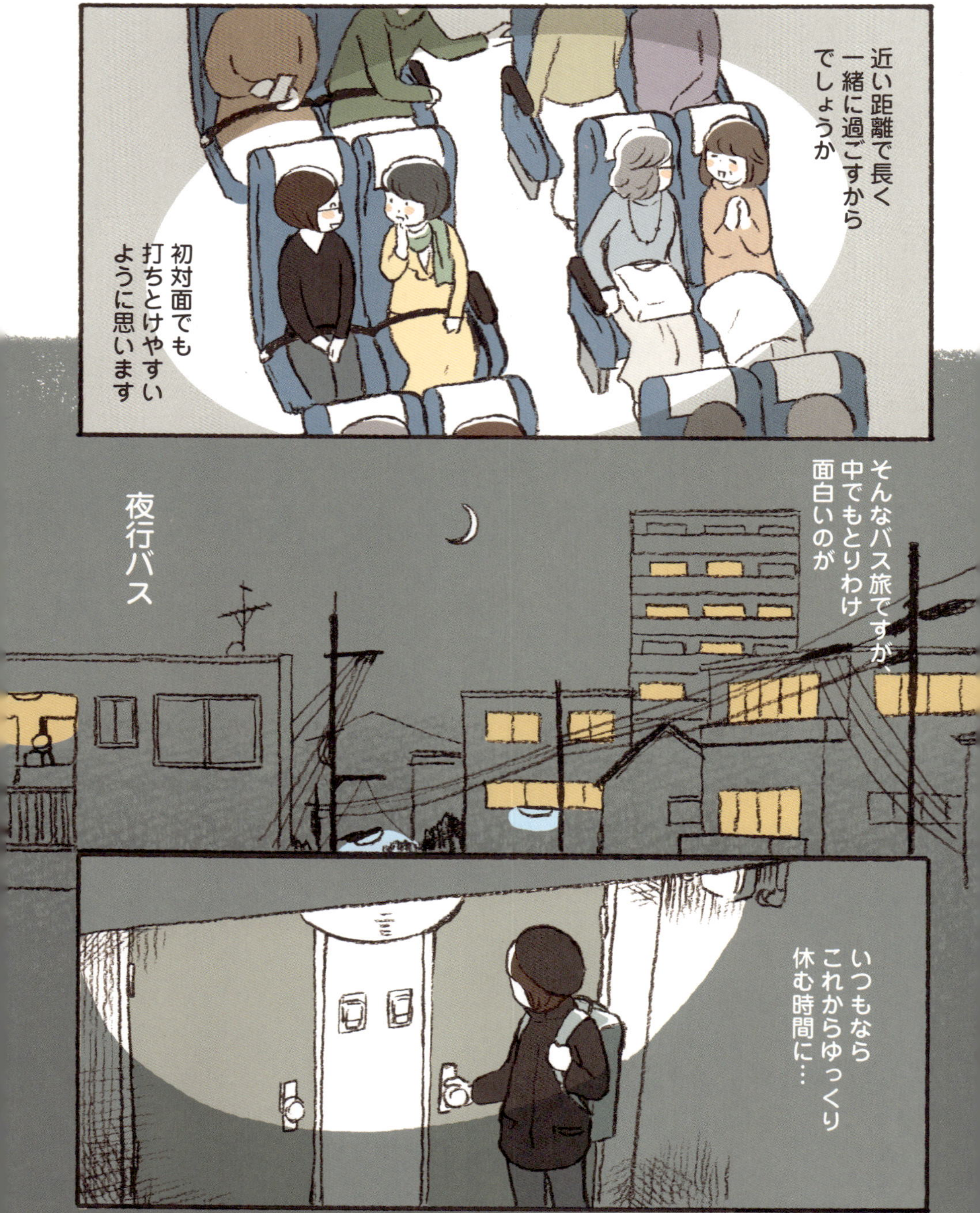
近い距離で長く
一緒に過ごすから
でしょうか
初対面でも
打ちとけやすい
ように思います
そんなバス旅ですが、
中でもとりわけ
面白いのが
夜行バス
いつもなら
これからゆっくり
休む時間に…

荷物を背負い
夜道を進む
家を出る瞬間から感じる
非日常感と高揚感は
また格別です
夜に外へ
出るって、
ちょっと
不良みたい…
岡山駅西口
バスセンター

夜行バスとは
その名の通り
深夜に移動する
長距離バスのこと
夜眠っている間に
目的地へ向かいます
ポーン
間もなく
消灯致します
消灯時間になると
一斉に電気が消され
フッ
基本 寝ること以外に
できることはありません
暗い車内、
すぐに眠れる
ときもあれば
なかなか
寝付けない
ときも…

今日は眠れん
そんなときは目をつむりいろんなことを考えます
最近気になっていたあれこれや
昔のことやこれからのこと
何もせずに自分とゆっくり対話する静かな時間
いま私哲学してるっぽい

とは言え
毛布をかぶって
眠くなるまで
スマホを触ってる
なんてことも
よくありますが…
光モレ防止
ふあ
うとうとしながら
自分が今どこに
いるのか
わからなく
なるような
ぽつんとした感覚を
味わっています

そんな夜を抜けて
朝が来るのはあっという間
ポーン
パッ
おはようございます
当バスは間もなく新宿に到着します
もう…
準備しなきゃ
プシュー
空気抜き
夜行バスは大体7時頃(早ければ6時台)に到着します

トイレへ行って
メイクをして
よし！
ジッ
朝ごはん
どうしよう
かな～♪
準備ができたら
まだ人の少ない街なかに
飛び出します
そうだ 今日は
築地で食べよう！
美術館は
その後でも
開館時間に
間に合うな
朝一番から
動けるのは
とっても魅力的！

ふー
行きたい所は全部回れたぞ！
19:13
帰りのバスは22時前の出発予定、新幹線の最終で帰るよりゆっくりできます
ということは
夕ごはんもゆっくり食べられるよね
ご・は・ん お・ス・ス・メ…
朝一番から夜遅くまで、夜行バスなら一日を丸々いっぱい楽しめるんです！
はー
満足ー！

あとは帰るだけか
そんな夜行バスにはもうひとつ
駿河湾沼津
Surugawan-Numazu
6-1
ETC 出口 EXIT
休憩時間という大きな楽しみがあります
長時間移動する高速バスでは、必ず1回以上サービスエリアでの休憩が入ります
23時30分に出発します
時間までに必ずお戻りください

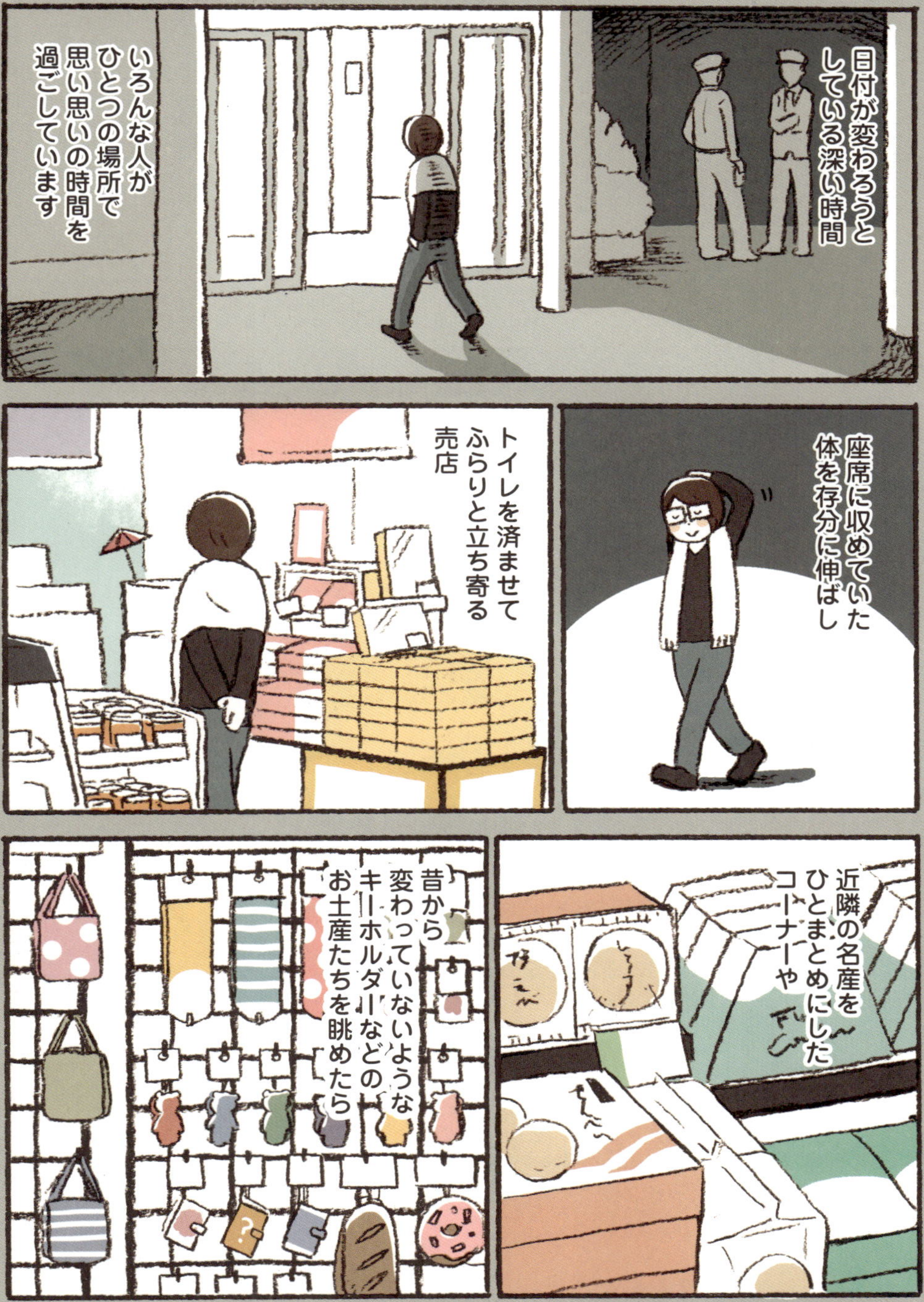
日付が変わろうと
している深い時間
いろんな人が
ひとつの場所で
思い思いの時間を
過ごしています
座席に収めていた
体を存分に伸ばし
トイレを済ませて
ふらりと立ち寄る
売店
近隣の名産を
ひとまとめにした
コーナーや
昔から
変わっていないような
キーホルダーなどの
お土産たちを眺めたら

私は決まって
自販機で熱い
ココアを買い
広い駐車場を
眺めながら
それを飲みます
ずっ
ぼんやりと過ごす
この短い時間が
大好きなのです

長距離トラックや車中泊の乗用車
私が乗ってきたのと同じように、知らない土地からやってきてどこかへ向かう高速バス
楽しいような、さみしいような…
なんとも言えない不思議な気持ちが沸き立ちます
ふー
次はどこに行こうかな

あ…
チラッ
そろそろバスに戻ろう
ブブブッ
LINE?
トモコ
来月連休取れたよ! 旅行しよう
わ〜い

一人旅も好きですが、友人との旅行ももちろん大好き！
次の旅行はどうやら2人旅になりそうです

コラム① 高速バスの思い出

バスを乗り継いで色々まわるのも楽しいです！
一番遠出した思い出は、
岡山→島根→福岡（継由地）→鹿児島→熊本という
友人宅2泊を含めた5泊6日ののんびり旅行。
本編に出てきたマダム達には、この時鹿児島行きのバスで出会いました。

第1章

夜行バスは楽しいよ！

そんなわけで、友人のトモコさんと旅行の計画を立てています
うーん
美術館にも行きたいけど
こっちの舞台も見に行きたい
せっかくだからおいしいものも食べたいな～
うーん
私 明治神宮にも行ってみたいんだよ
パワースポット？いいね～
東京
あ 土日に気になってた朝市やってる
朝市特集
ファーマーズマーケット

どれ…
ハイ
ここ
明治神宮からも
行きやすそうだよ
両方
行っちゃう？
行きたい！
…あー でも
両方だと時間
きついかも
じゃあどっちかは
2日目に行くかか
1日目
・美術館
・買い物
・お茶
スイーツ
バイキ
2日
でもスケジュール
考えると
1日目に行って
しまいたいんだよ
確かに…
Schedule
じゃあ…
始発？
うっ…

始発で行けば10時前には東京に着くけど…
うーん…
それでも2つ回るのはきついか
4時起き 5時出 6時発…
しかも始発とかで4時起きでしょ？
しんどい…
私寝坊する自信あるわー
じゃあ2日目…ああでも…
悩むね…
時間も予算も限られてるし、でも久しぶりの旅行だし…
なんていうかこう…
あますことなく遊びたい!!
だよねー

できれば帰りも
もっとゆっくり
したいなあー
ハァ・・
………
じゃあさ、トモコさん
今回は夜行バスで行ってみない？
え？
夜行バス…
きょとん・・・
うーん 夜行バスかあー
あ、バス苦手？

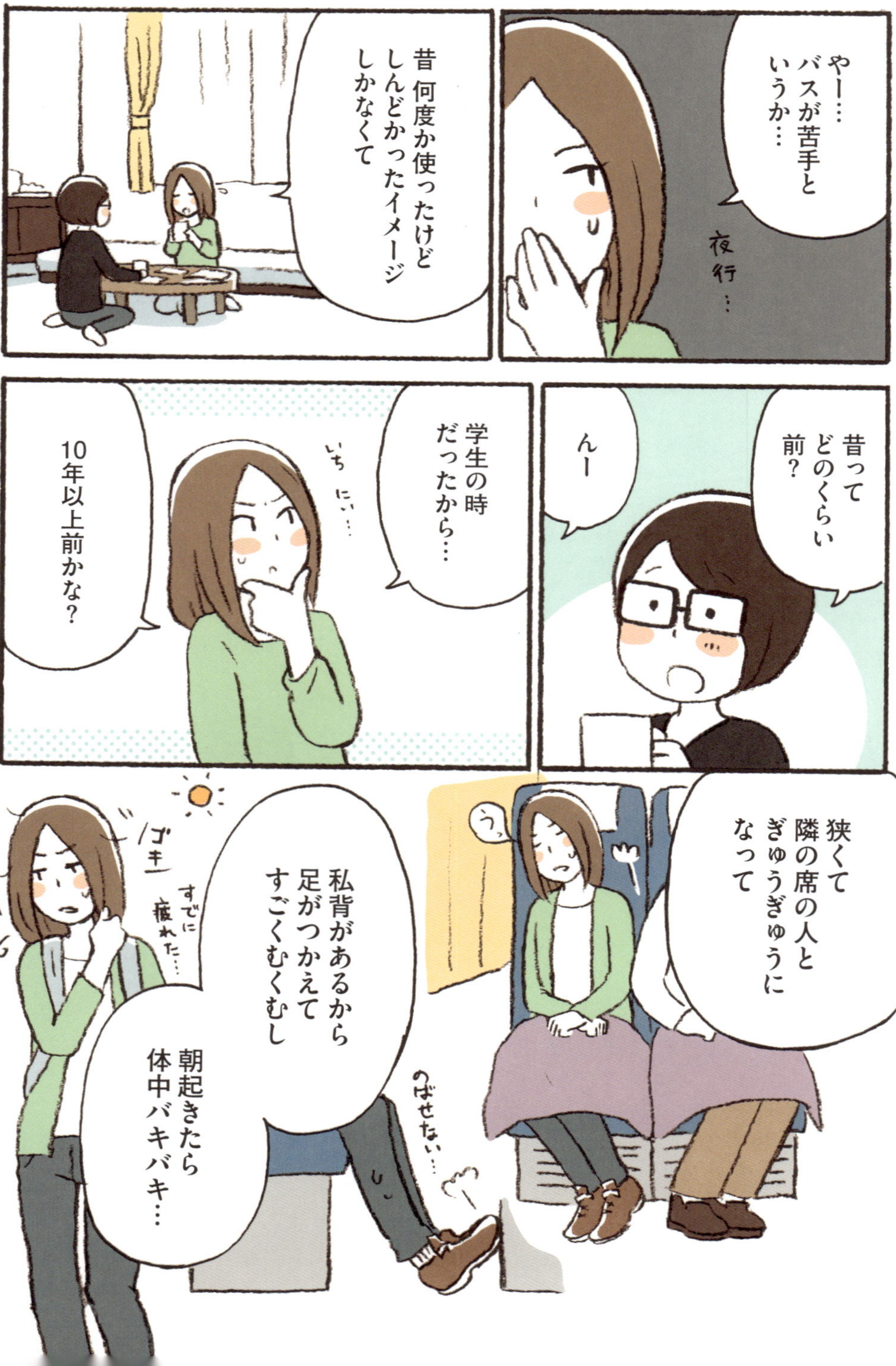
やー…
バスが苦手というか…
夜行…
昔何度か使ったけどしんどかったイメージしかなくて
昔ってどのくらい前？
んー
学生の時だったから…
いち にぃ…
10年以上前かな？
狭くて隣の席の人とぎゅうぎゅうになって
うっ
私背があるから足がつかえてすごくむくむし
のばせない…
朝起きたら体中バキバキ…
ゴキー
すでに疲れた…

バス←
ターミナル
ここどこー!?
発着場所もよくわからない所で、道に迷いまくるし…
ブルブル
なんか あれはもう若くないとムリっていうか…
…も
もったいない!!
え?
どんっ
それってバス選びが悪かったんだよ!
たじたじ
いやーだいぶ古いイメージそのままだね
今の話、ちょっと夜行バスラーとしては聞き捨てならない!
え…

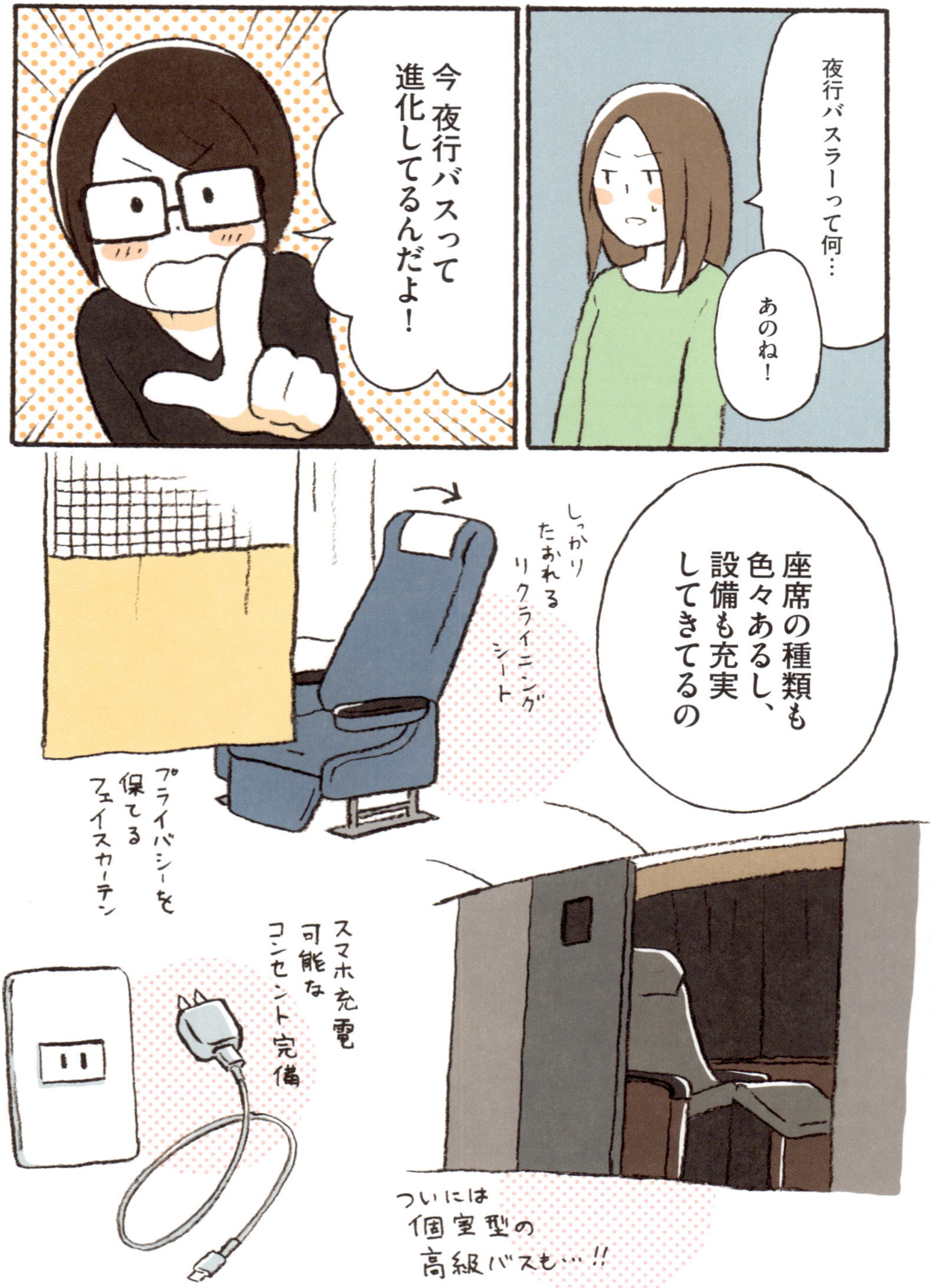
夜行バスラーって何…
あのね！
今夜行バスって進化してるんだよ！
座席の種類も色々あるし、設備も充実してきてるの
しっかりたおれるリクライニングシート
プライバシーを保てるフェイスカーテン
スマホ充電可能なコンセント完備
ついには個室型の高級バスも…!!

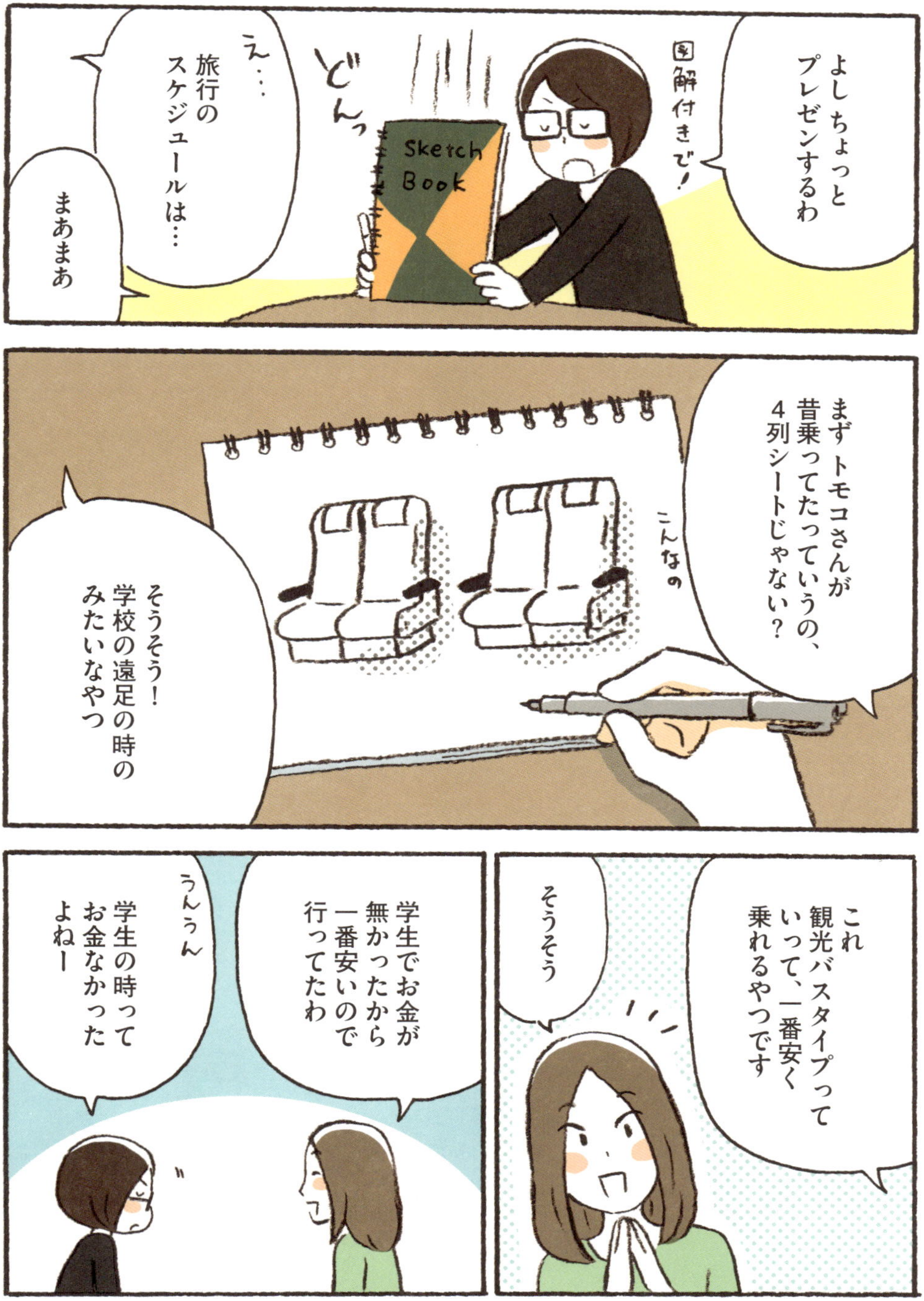
よしちょっとプレゼンするわ
図解付きで!
どんっ
Sketch Book
え…旅行のスケジュールは…
まあまあ
まずトモコさんが昔乗ってたっていうの、4列シートじゃない?
こんなの
そうそう!学校の遠足の時のみたいなやつ
これ観光バスタイプっていって、一番安く乗れるやつです
そうそう
学生でお金が無かったから一番安いので行ってたわ
うんうん
学生の時ってお金なかったよねー

4列シートって、知らない人とずっと隣り合ってくっつくし
確かにあれは体力ないときつい…
長距離移動には正直しんどいよね
でしょー？
ほら～
でもね
座席の種類で乗り心地が全く変わるから！
カッ
というわけで、私がよく使ってるのはこれ！ 3列シート！
おススメ
1席ずつ離れているタイプね
そういうバスもあったあった！
なつかしー
見覚えある？
でも高かったよね？だからあんまり使った記憶が…

あの頃はねー、ちょっと高く感じてたかも
うんうん
でもね
3列シートでも新幹線片道代の半額ぐらいで乗れるんだよ!
えっ
そんなに安かった!?
うそー!
大人になると感覚変わるよねー
わかるよその驚き…
待って、ということは
ハッ
夜行バスだと新幹線片道代で往復できるってこと?
その通り!
えーっすごい!
キャッ
キャッ

もちろん、3列シートのいいところは値段だけじゃないんだよ！
席が離れてるから隣の人のことが気にならないし
前後の間隔もゆったりしてるから足も伸ばせるの
何よりリクライニングシートが嬉しい
わーい
たおしすぎ注意！
少しでも体を倒せるのは大きいよね
あとありがたいのがフェイスカーテン
ちょっとした個室になってプライバシーが守れる！
隣が男の人だとちょっと気まずいもんね…
でしょー

コンセントもついてるから、スマホの充電もできるし
え
席ごとについてるの？
？
うん
私 コンセントがついてる席は当たりだと思ってた
あー（笑）
※バスによります。
その感覚はわかるよ
あははなつかしー！
ねー！前は取り合いだったよ
何席かに1個しかついてなくて、しかも窓際オンリー
まあ そのおかげで充電気にせずスマホ使えて、暇つぶしもばっちり！
小説読んだりゲームしたり
最近だとＷｉ－Ｆｉが使えるバスも珍しくないんだよ！
えー！めっちゃ便利じゃん！
ねー！

なんか本当色々変わってるんだねー
はー
すごいでしょ！
ずいっ
でもおもしろいのはまだまだあってね！
3列でも、2＋1列になってるバスとか
カップルや友達同士にぴったり！
時間になったら一斉にシートが倒れるバスとか
うしろの人の心配をしなくてもいいのが嬉しい！
ゆったり感がすごい2列シートとか
2階建てバスになっていたりする

今 2列なんてあるの!?
そうなの！しかも2列だと、シートがフルフラットになるタイプが多いんだよ！
席がナナメになってたりもする
しかもね、完全個室タイプなんてのもできてるんだよ!!
超！高級タイプ
えっ これもう動くホテルじゃん!!
すっげー！
まあこのクラスになると、新幹線と同じかそれ以上のお値段になりますが
路線も限られるし
パチパチ
むしろ安くない？
へー でも一度乗ってみたいね！

いやー 夜行バス こんなにあるなんて 知らなかったわ!
おもしろい でしょ!
自分に合ったバスを 選べば、快適に 行けちゃうんだよ
それにね、夜遅く出て 朝早くに着く でしょ?
「夜行バス」 だもんね
大体20~23時頃に出発して、朝6~8時頃に着くのが 主流っぽいんだよね
うん
寝て起きたら 目的地って、なんかもう すごくない?
私正直 朝起きされるか ドキドキするより、夜出た方がのんびり できていっそ楽!!
そうだね…

朝一番から夜遅くまでいられるのは一日たっぷり時間を使えていいよね
でしょー!
時間もできるし交通費も節約できるし
浮いた予算で〃プチぜいたく〃とか
市場で朝ごはんとか
ウマー♡
朝のきもちいい時間帯のパワスポ巡りとかとか
その分、見たり食べたり遊んだりできるのも魅力的だと思うんだ
と、いうわけで

夜行バスの旅、いかがでしょうか？
夜行バスのススメ -終-
おー
パチパチ
いやー かりんちゃんが そんなにバスが好き とは知らなかったわ
前からそうだっけ？
うーん そうだね 元々は安さとか 時間重視で使って たけど…
1人旅だと 気使わな くていいし
最初はしんどいことや、やだなぁって思うことも あったけど…
首が痛い…
腰も…
ガヤガヤ
寝れない…
目的地前に 疲れて しまった…
もうムリ…
どうやったら 快適に過ごせるか 考えるようになって

早朝から行ける所を調べたら
あ！朝市やってる！
PC
朝ならではのイベントを見つけたり
とにかくどうやったら楽しめるか
色々考えてたら楽しくなってきちゃって
なるほどね
それにね
普段は一人の時しか使わないから、
友達と乗ったらどんな感じかなってずっと思ってたんだ

大人になってから友達とバスで遠出する機会なんてほぼないし
修学旅行みたいでちょっと楽しそうだなって
……
なるほどねー
あっ、でも
他に比べるとやっぱり体力使う方だからムリそうだと思ったらやめといた方がいいかも！
うーん
話聞いてたら、昔からどのくらい変わってるのか興味がわいてきた
よし！今回は夜行バスで行ってみよう！
本当!?

やったー!!
ふふっ
なんかいつもと違う
旅行になりそうで
私もワクワクする
よし！ じゃあ
どうやったら
快適に過ごせるか
伝授するね！
くるっ
え
トモコさんを立派な
夜行バスラーにして
あげるから！
え!? いや
そういうのは
結構です
がしっ
まあまあ
遠慮なく
いや本当
巻きこまないで…
ぐいぐい
とっ
とりあえず
スケジュールを
組み直そう！
一日めいっぱい
遊ぶぞー！

夜行バスのススメ！

そうだ
夜行バスって
当日でも
乗れるんだっけ？
席が空いてたら
行けるけど
ん 基本は
予約かな
土日に着くやつは
すぐになくなるから
大きいライブとか
かぶると瞬殺！
今から
ちゃちゃっと
予約しちゃおう！
トモコさんの
気が変わら
ないうちに！
変わらんて
パカッ
「夜行バス」＋「出発地」
＋「目的地」で検索！
検索
夜行バ
夜行バス比較
岡山 → 東京
岡山⇄東京
岡山⇄東京
めっちゃ候補が
出てきたん
ですけど…
ズラー
1日何便
出てるの!?
あはは
すごいよねー

まずは乗る日と、シートのタイプで絞ろう
小人 名
大人 2 名
・シートタイプ
4列シート
4列ゆったり
3列シート
3列(2+1)
2列シート
3列シートね！
うわー！それでもまだいっぱいある！
あれ？でも値段結構バラバラじゃない？
これめっちゃ安い
どれどれ
条件で結構変わるんだよ
同じ3列シートでも、アメニティの設備がどれだけあるかとか…
スリッパ
アイマスク
フェイスカーテン
etc…
あーグレードの違いか
あと発着場所が駅に近い便がおすすめ

駅に隣接したバスターミナルもあれば
○○駅バスターミナル発着
駅
バスターミナル
○○ホテル前駐車場発着
ホテル
駅
専用駐車場
独自の駐車場を利用してるとこもあるけど…
私は方向オンチだから、多少値段が上がっても駅近がいい！
事前に調べた上にナビ使っても、なぜか迷うんだよ…
上は北？
ということはこっち…？
→正しい道
それに駅に近いとギリギリまで遊べるし！
駅近サイコー！
わかったわかった
落ちつけ
とりあえずわかりやすい所に停まる便にしよう
アリガトウ…

発着がすごくわかりやすくなったなあって感動したのは、新宿の「バスタ」だなー
前にニュースで見たよ！全国のバスが集まるんでしょ
バスタ新宿
私は学生の時、新宿のバス乗り場がわからなすぎて、乗り遅れかけたことがあって…
ビル群の中の暗い所にあった
帰りたーい
用意してた地図
あの恐怖はもう二度と味わいたくない…
あー…新宿はただでさえ迷うから…
あれ以来 いかにわかりやすい場所かで選ぶようになったよ
バスタ初めて行った時わかりやすすぎて感動したー
夜行乗り遅れたら絶対帰れないもんね…

そういえば夜行バスって大きく2種類あって
へー
「鉄道会社」か「旅行会社」が運営してるんだ

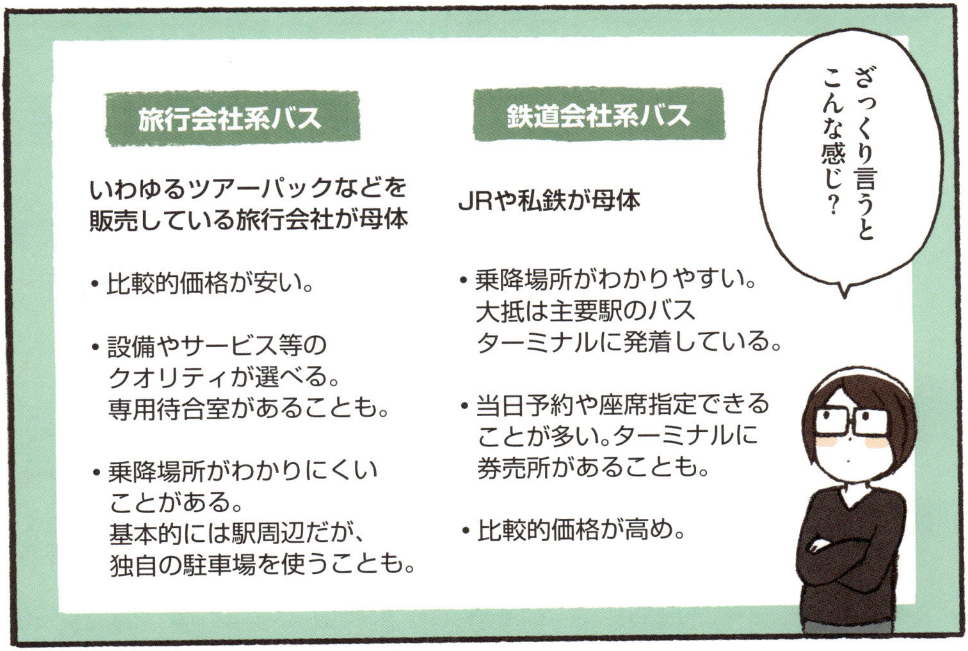
ざっくり言うとこんな感じ？
鉄道会社系バス
JRや私鉄が母体
• 乗降場所がわかりやすい。大抵は主要駅のバスターミナルに発着している。
• 当日予約や座席指定できることが多い。ターミナルに券売所があることも。
• 比較的価格が高め。
旅行会社系バス
いわゆるツアーパックなどを販売している旅行会社が母体
• 比較的価格が安い。
• 設備やサービス等のクオリティが選べる。専用待合室があることも。
• 乗降場所がわかりにくいことがある。基本的には駅周辺だが、独自の駐車場を使うことも。

まあ 選ぶときは、どこが運営してるかとか全然気にしてないんだけどね
条件に合えばどこでもね…

でもあんまりにも安い所は、どこのバス会社か調べて口コミチェックしてる
安すぎるとちょっと怖いもんね
あ
この便良くない？
駅近発着
コンセント・カーテン付
値段も手頃だ！
回数券も使える！
回数券とかあるの？
そう 夜行バスって回数券や早割・学割・往復割とかって、割引が多いの！
全部じゃないけど
へー お得じゃん！
回数券は大体4枚つづりだから…
2人で4枚で往復でしょ…
電卓…

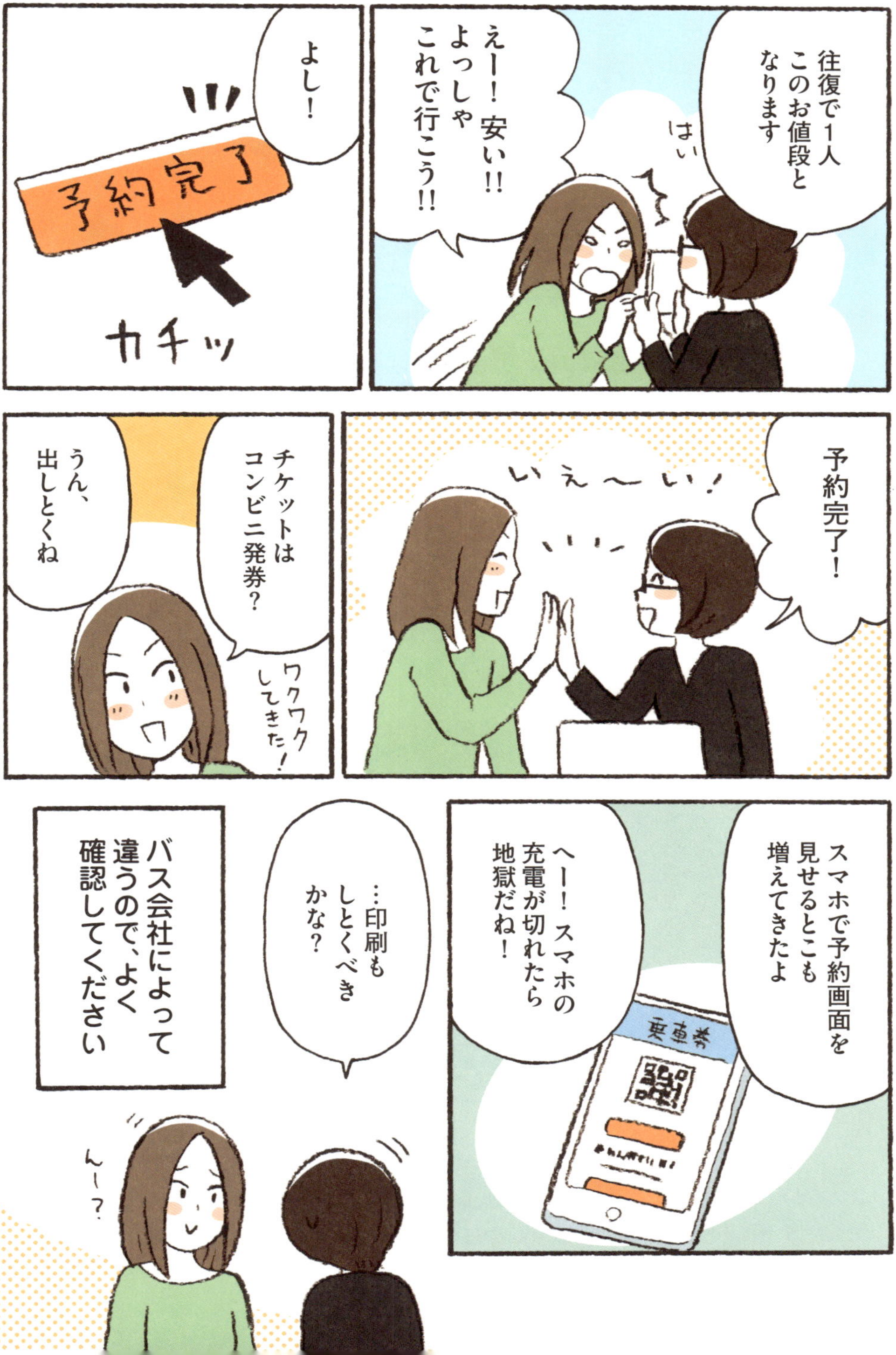

往復で1人
このお値段と
なります
はい
えー！安い!!
よっしゃ
これで行こう!!
よし！
予約完了
カチッ
予約完了！
いえ〜い！
チケットは
コンビニ発券？
うん、
出しとくね
ワクワク
してきた！
スマホで予約画面を
見せるとこも
増えてきたよ
へー！スマホの
充電が切れたら
地獄だね！
乗車券
…印刷も
しとくべき
かな？
んー？
バス会社によって
違うので、よく
確認してください

コラム② 夜行バスで通学

旅行に便利な夜行バス。
お仕事で使ったり、帰省のために使ったり、
利用シーンは様々。
私は「通学」に利用していたことがあります。
8ヶ月間 毎週末、岡山から東京にある
イラストスクールへ、夜行バスで通っていました。
地方に住んでいても、やりたいことを叶える
ために。
夜行バスとはそんなつきあい方もできるんです。

第2章

あると便利なグッズたち

1週間後
トモコ 着信中
RRRRRR
!
もしもーし どうしたの？
かりんちゃん？
あのね 夜行バス 今さらちょっと 心配になってきて…
え
色々聞いてもいい？
もっ もちろん!!
あわ あわ
腰痛くなったり 眠れなかったりとか… 何か対策してる？
!
ぴたっ
そこは色々 おススメグッズが あるから任せてー!!
ぱあっ
え なんで ちょっと 嬉しそうなの

旅行に向けて一緒に買い物しよう!
買い物って
100 SHOP
なんで待ち合わせ100円ショップなの
まあまあ
ここで夜行バスお役立ちグッズが手に入るから
トラベルコーナーは…
あったあった!はい、まずはこれ!
エアピロー
あ エアピロー!

そう！バスで寝ると頭がぐらぐらして首が痛くなるから、これはマストなんだけど
これね、もう1つあるといいよ！
さっ
2つも使うの？
倒したシートにもたれると、どうしても腰の所にちょっとしたスキマが空いちゃうんだけど
ここにスキマが！
このスキマが地味に腰に負担をかけるからこれでうめるの
何色にしよー
なるほど
腰用のエアピローもあるけど、私は首用を使ってるよ
この凹が腰にフィット！
ほー
足りなかったらストールやひざかけを挟んで調整しています

あと
あると便利なのは
アイマスクかな
これ
えー
バスって
消灯するんでしょ？
暗くならないの？
暗くなるけど
カーテンの隙間から
対向車のライトが
入ったり
パァッ
マナー違反な
スマホのライトが
まぶしかったり
些細なことだけど
気になりだすと
寝にくくなったり
するかも
はい
そっかー
大丈夫そうだったら
いいと思うよ
バスによっては
サービスで
ついてることも
あります
んー

あと音が気になる人は耳栓ね
耳せん
バスの中ってうるさい？
基本 静かだけどたまにいびきとか話し声とか…
グオー グオー
ヒソヒソヒソ
私は音は気にならないから使ってないかな
そっかー
うーん
私も音は平気だからとりあえずエアピローとアイマスクだけ買おうかな
じゃあ次はドラッグストアに行くよ！
まだ終わりじゃなかった
はい
薬
DRUG STORE
本日ポイン

ここでは女性に
絶対絶対の
おススメ品が
あります！
？
てててっ
どーーん
はいコレ！
着圧ソックス!!
着圧ソックス
夜寝る時に
はくやつだ
これはもう
本当にはいて
おいた方がいい！
次の日のむくみが
全っ然違うから！
着圧ソックス
車中では基本
動かないから
すっごく
むくみやすいの
じ…と同じ体勢…
一回忘れた時は
朝靴がみっちみちに
なってつらかった…
ア…
あ゛あ゛ぁ…
いい
ぴったり
すぎる
靴も
注意…
なるほどねー

旅行はただでさえ足が疲れてむくみやすいからね
へ〜
バスの中だけじゃなくてホテルに泊まる時にもはいたらいいよ
マスクもあると便利
立体マスク
風邪予防と乾燥対策に
バス乾燥してるんだ
まあ私はそれよりすっぴんとよだれ隠しに使ってるんですけどね
よだれ…
恥ずかしながら出るんです…
私 夜行バスに乗る時メイク落としてから行くから
めんどくさくて…

バスに乗る時の私は大体こんな感じ
ぼうし
寝ぐせがついても安心
めがね
マスク
ストール
動きやすさ重視の大きいリュック
不審者じゃん
うわー
夜暗いしいいんだよ!
いいんかなあ…
そうそう乾燥といえば飲み物はちゃんと持ち込んだ方がいいよ
私冬場は一晩で500ml一本あけるよ
私すぐのど乾くんだけど2~3本あった方がいい?
様子見てサービスエリアで買い足してもいいかも
なるほど
あとは服装も気をつけてー
普通の格好じゃだめ?

夏はクーラーで冷えて冬は暖房で暑くなるの
夏・冬の電車内を思いうかべてもらえたら…
夏なのに寒い…
今季節はいつなのか…
なので
体温調節できるように脱ぎ着しやすいやつがいいかな
カーディガンとか
ストールとか
真冬に乗った時の話なんだけど…
私寒がりだから厚手のセーターを着て行ってて
朝目が覚めたら
ブルッ
寒!?
え? なんでこんな寒いの?
キョロキョロ
ぷしっ
あれ? なんか服が…?

無意識にセーターを脱ぎ捨ててたらしく
あ゛ー！
起きたら床に散乱してて…
ぐしゃ…
地味に恥ずかしい
それ以来カーディガン＋ストールで乗るようになりました…
私のおススメはそんなところかな
他に何か気になることある？
んー
そうだ
メイク落とすのってサービスエリアでできるかな？
んー バスによって休憩時間が結構バラバラなんだよね
大体15分
長いところで30分弱
そんな短い？
トイレすませたり飲み物買ったりすると思うと時間足りない…
すっぴんかー

バスターミナルに早目に行くか、バスに乗ってからメイク落としシート使うのがゆっくりできるかも
MAKE UP Remover
ナイッス！
それいいい！
買って行こう！
気づいてよかったー
バスで眠れるか心配してたよね
うん？
最後の手段、お酒
BEER
え
お酒の持込み大丈夫なの？
飲んでる人たまに見かけるよ？
匂いとか気をつけないとだけど

え～そうなると
おつまみ欲しく
なるよね～！
すっ…
おやつは何円までですか先生！
そうねー千円までかな
あはは
大人！
はっ
待ってこれ食べるの夜中じゃん
太る…！
…500円までにしておこう
小さいのにする
どちらにしろ買うんかい
でもそのおつまみ匂いと音がキツいからやめとこう…
アルコール類の持込みを禁止している所もあるので、お気をつけください

買い物もできたし後は行くだけだ！
楽しみだねー！
今日買ったグッズはポーチとかにまとめておくといいよ！
eco
バスに乗る時このセットだけさっと出して大きな荷物はトランクに預けるの
おーなるほど！
ついでに旅行用の服買いに行こー♪
イエーイ
いよいよ夜行バスでいく旅行の始まりです！

コラム③ 私の旅の必需品

・エアピロー

よく100円ショップで
買っています（長く使うと
穴が空きやすいけど…）

・着圧ソックス

ソックスタイプと
タイツタイプの
2種類もってます

・飲み物

いつも500mlを2本
もって行っています
（夜用と旅行1日目用）

・マスク

・アイマスク

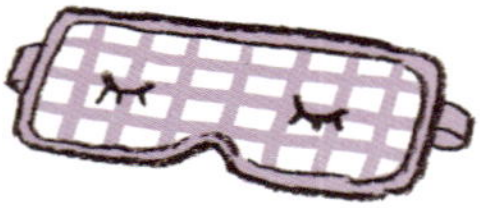

よく失くす

← 朝起きられるか
心配な人はしない方が
いいかも
（まぶしくて目が覚めるので）

充電セット

・モバイル
バッテリー

コンセントがない
バスもあるので
あると安心

・ケーブル

・USB充電
アダプタ

このセットがあれば
コンセント・USBジャック
どちらでも対応できる！

ポーチに入れて
持ち歩いて
います！

夜行バス
セットは
エコバックに

・スキンケアセット

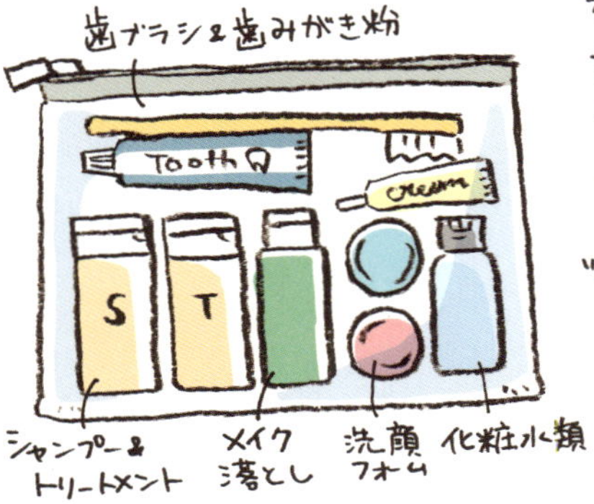

基本的には詰め替えてもって行ってます。
小学生の頃もっていた"お泊まりセット"みたいで楽しい♡

おススメ!!

ドラッグストアなどに置いているトライアルセット！
パウチタイプのシャンプーセットや気になっていたメーカーのスキンケアセットを試すチャンスです！

↑1週間分のセットとか

・折りたたみコップ

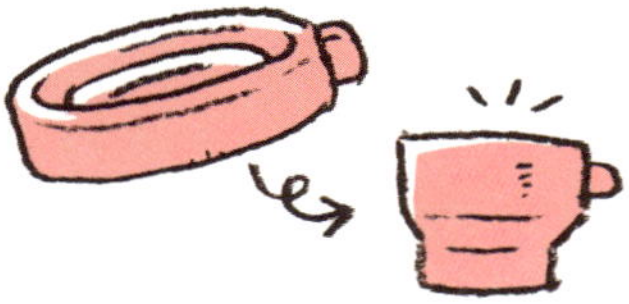

かさばらず便利！

・ガーゼハンカチ or 手ぬぐい

すぐ乾くので旅にはもってこいです！

・メイクポーチ

いつでもでかけられるように普段からポーチにまとめています。
かさばる下地系は小分けのケースに入れてもっていきます

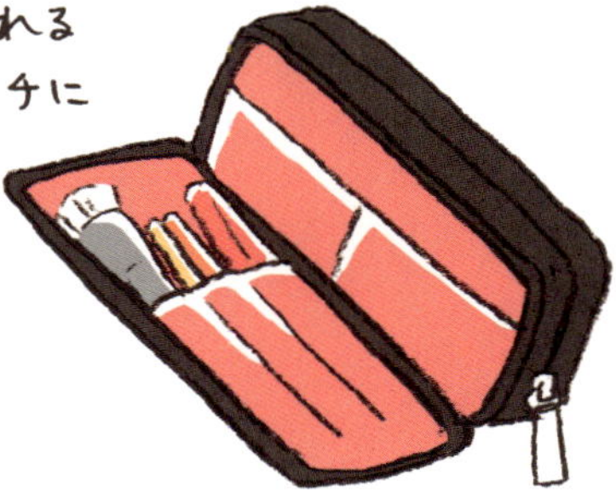

とにかく荷物を減らしたい！

・カバン

友人のおススメで使いだしたFJALLRAVEN（フェールラーベン）のKANKENリュック。
軽くて丈夫で使いやすい！

手が空くリュック派！

コラム④ 乗物酔いの対策は

バスに酔う心配がある人は、酔い止めのお薬を！
普段はあまり酔わない人も、口がスッキリする
レモン味や梅味のアメやミンツなどをもって
いると安心です。
その他、暑いと酔いやすくなるので、涼しい格好に
なれるよう脱ぎ着しやすい服装にしたり、
乗車前に食べすぎないようにするなども
ポイントです。
そして下を向くと更に酔うので、スマホやゲームの
画面は見ずに早目に寝てしまいましょう…。

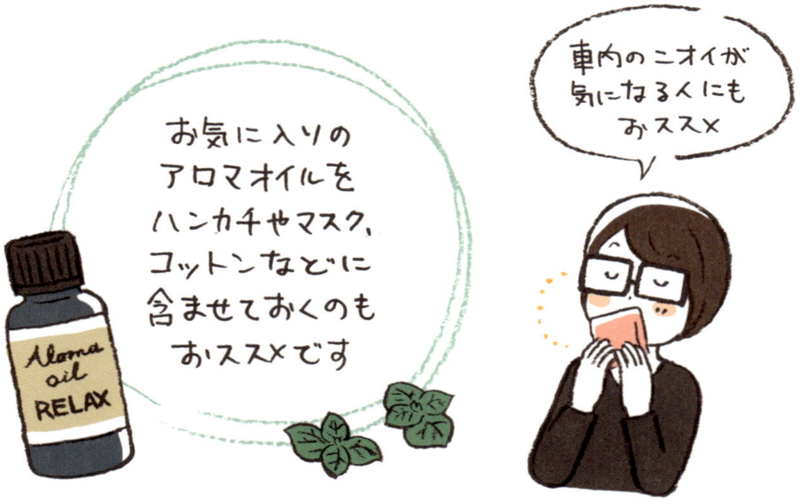
お気に入りの
アロマオイルを
ハンカチやマスク、
コットンなどに
含ませておくのも
おススメです
Aloma oil
RELAX
車内のニオイが
気になる人にも
おススメ

※ニオイもレにはご用心！

第3章

夜の車中の静かな楽しみ

出発当日
岡山駅西口
バスセンター
お待たせ
うわー 本当に不審者
…うるさいな
待った？
ううん全然！ 今日 雨降らなくて よかったね
ねー

とりあえず
待合室に
入っとこうか
ガー
なんか
夜に集合するの
めっちゃ
ワクワクする
ねー!
なんでだろう
普段こんな時間に
出かけることないし
非日常感が
すごいよね
20時30分発
東京行きのバス
到着です

乗車券を持って
お並びくださ〜い
荷物をお預けに
なる方は こちらへ
お持ちください
学生の方は
学生証をご用意
くださいね

大きい荷物は預けていこう
車内グッズはばっちりだよ
スムーズに荷物を出せるように降りる所を伝えるんだよ
新宿です
チケットと座席の確認
お席7A 7Bです
…おお
ひょい
車内はこんな感じかー!

トモコさん トモコさん
トイレ ここね
へー半地下? みたいになってるんだ
大体バスのまん中か後方に
座席あった!
窓側 7A 7B 中央
荷物棚か座席カバーに表記されてます
トモコさん 窓際どうぞ
ありがとー
ほー
思ってたより ゆったりしてる!
それは よかった

足元ね、ここ開くんだよ
わっ何ソレ!
ガコンッ
足を乗せるフットレストになるんだ
へー
あとね、手元のレバーを引くと
おお!
ぐい
ガコンッ
レッグレストか!足伸ばせて楽～!
すごーい!
えー!私の記憶の中のバスと違いすぎる!
快適じゃーん!!
あはは

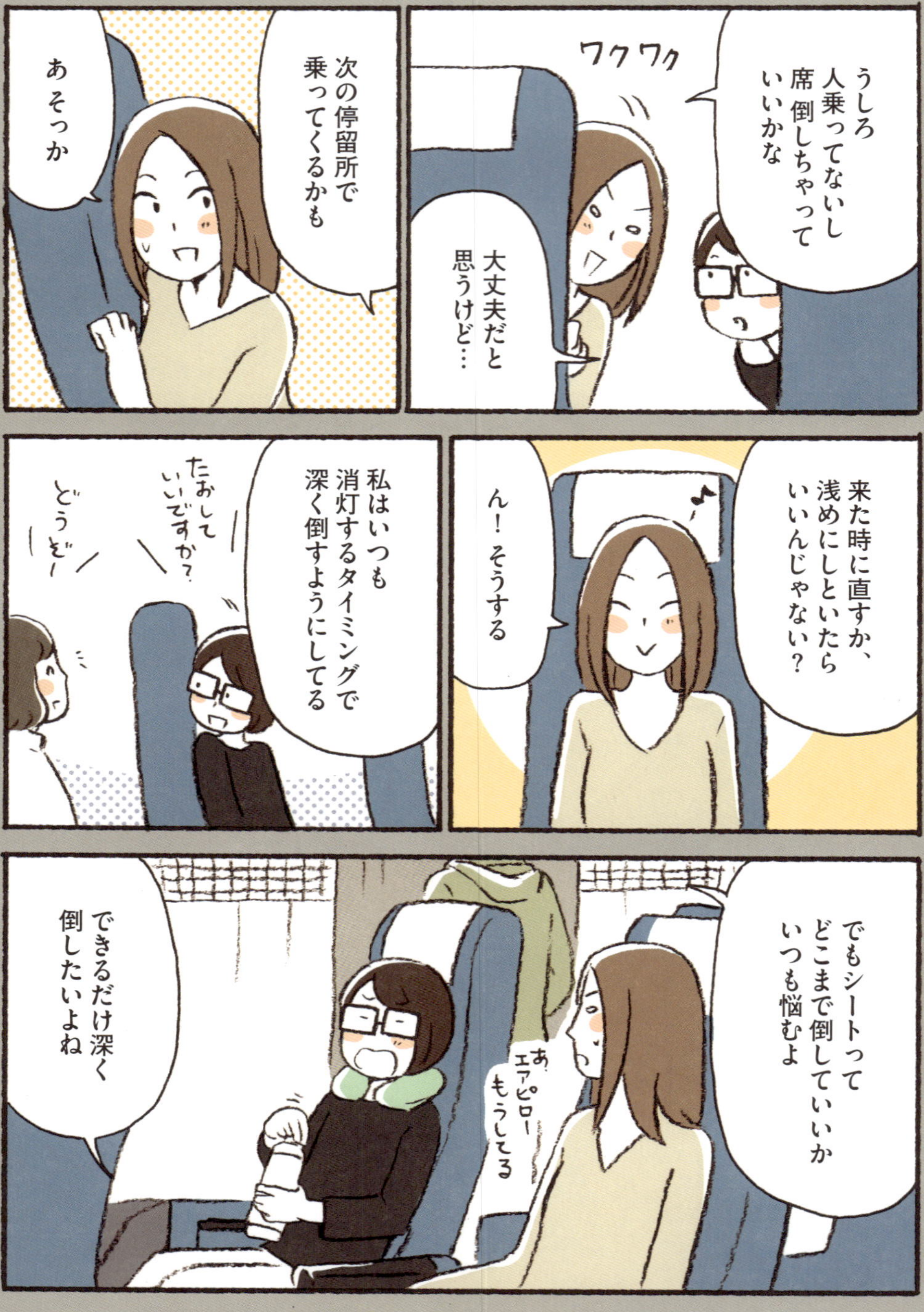
うしろ人乗ってないし席倒しちゃっていいかな
ワクワク
大丈夫だと思うけど…
次の停留所で乗ってくるかも
あそっか
来た時に直すか、浅めにしといたらいいんじゃない？
ん！そうする
私はいつも消灯するタイミングで深く倒すようにしてる
たおしていいですか？
どうぞ！
でもシートってどこまで倒していいかいつも悩むよ
あ、エアピローもうしてる
できるだけ深く倒したいよね

車種で倒れる角度も違うみたいでさ
一回 前の人が全開で倒した時、身動きできないくらい倒れてきちゃって…
足に着くまで倒れてきた…
さすがに少し上げてもらった
お互い気まずい…
それ以来 倒す時すっごい心配になっちゃって
コレ大丈夫？
見すぎても失礼だし…
チラッ
チラリッ
だから消灯の時に自動で一斉に倒れるシートのやつ、楽そうで乗ってみたいんだよ…
ウィーーン
まだ乗れてない…
見るだけでもおもしろそう
へー
シート問題 長年の悩みです

コンセントどこだろ
大体ひじ置きの辺りにあるよ
ほんとだ
普通のコンセントとUSB差し込むのがついてる!
え!?
わー!私このタイプ初めて見た!!
何コレやったー!
思わず撮る
カシャッ
すごいね時代の流れを感じる…!!
最近は充電用のUSBジャックがついているタイプが増えているようです
普通のコンセントとUSBジャック両方ついてるのは珍しいタイプかも!
大体どちらか…ラッキーだね!
今調べたの?
気になって
まあいいやラッキー!
ゲームも心置きなくできるね!
あ

まってまって
バスは携帯・スマホ以外充電禁止だよ！
そうなの？
バスで使える電気の容量は限られてるから
ゲーム・PC ヘアアイロンは使えないよ
まあ すぐ充電切れるわけでもないし 大丈夫か
コンセントがあるとつい使っちゃうよね
USBジャックになり始めたのは高負荷機器の接続防止の意味もあるようです
持ちこむ充電ケーブルの種類に注意！
ポーン
間もなく発車致します
本日は当高速バスをご利用くださいましてありがとうございます

これより高速道路を経て新宿まで参ります
シートベルトは腰の低い位置でしっかりお締めください
ETC専用
ポーン
間もなく高速道路に入ります
高速道路に入りますと10分程度で一度消灯いたします
もう？
高速に乗ると消灯して、休憩時間にまた少しつくよ

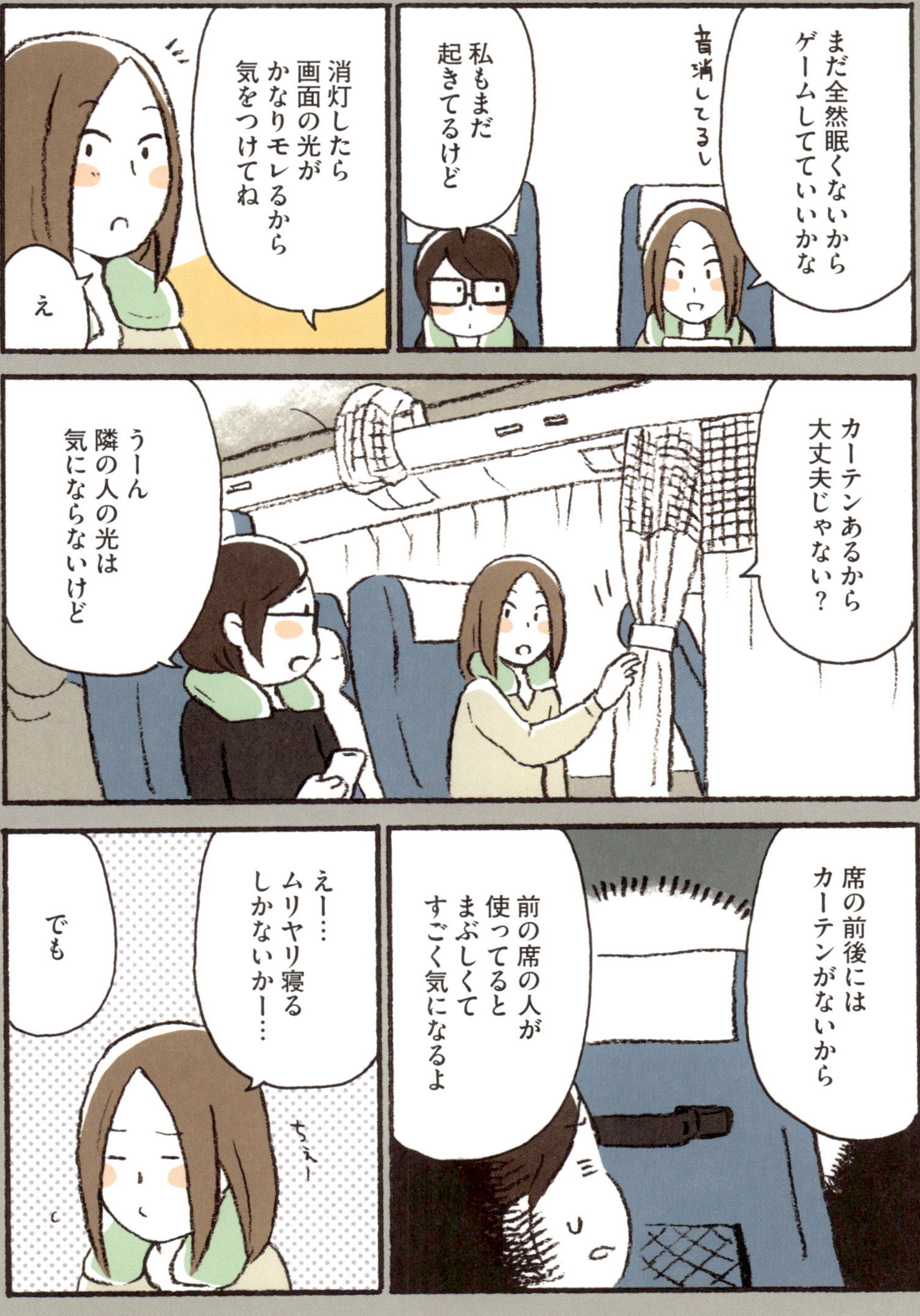
まだ全然眠くないから
ゲームしてていいかな
音消してるし
私もまだ
起きてるけど
消灯したら
画面の光が
かなりモレるから
気をつけてね
え
カーテンあるから
大丈夫じゃない？
うーん
隣の人の光は
気にならないけど
席の前後には
カーテンがないから
前の席の人が
使ってると
まぶしくて
すごく気になるよ
えー…
ムリヤリ寝る
しかないかー…
ちぇー
でも

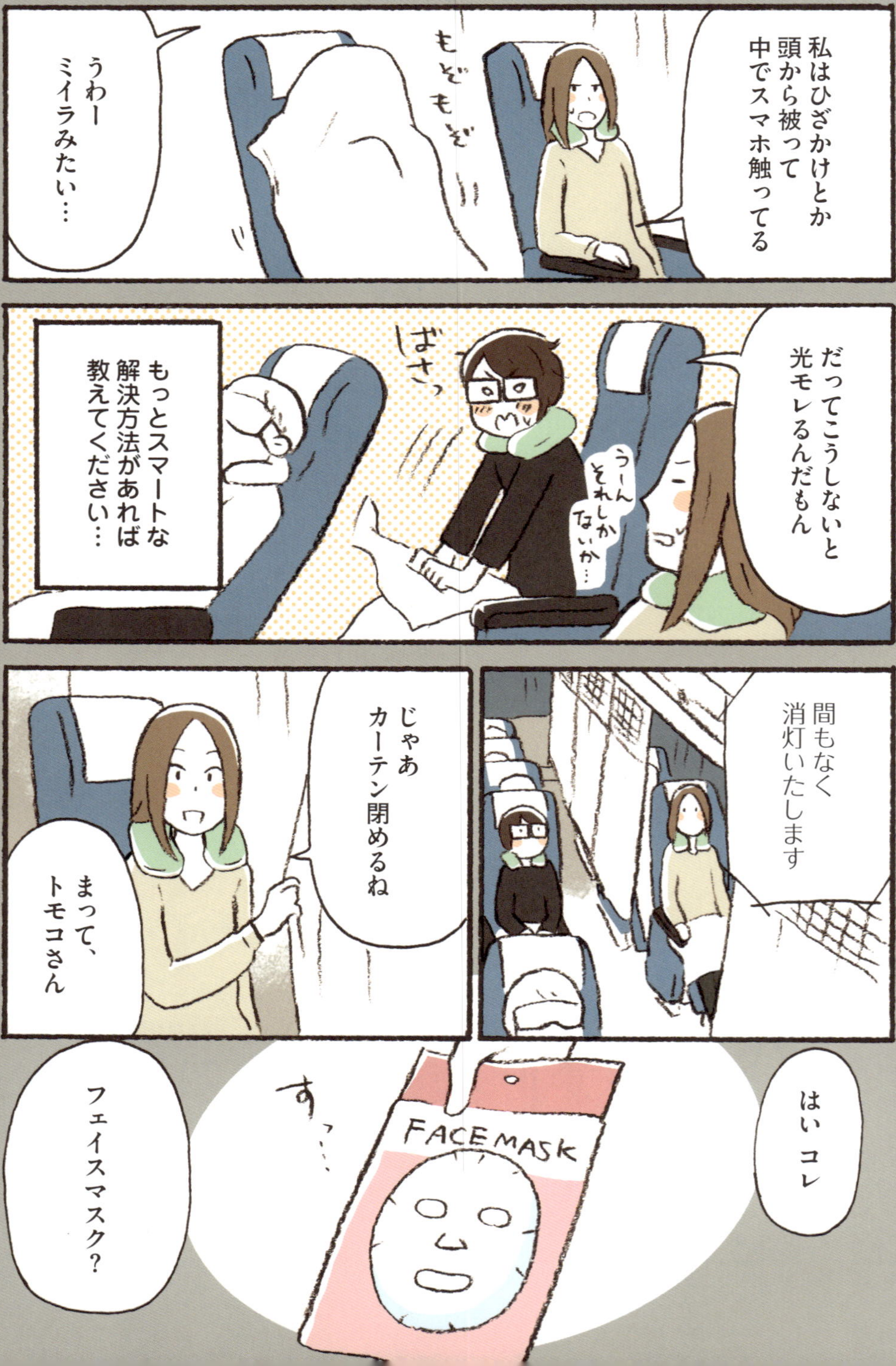
私はひざかけとか頭から被って中でスマホ触ってる
もぞもぞ
うわー ミイラみたい…
だってこうしないと光モレるんだもん
うーん それしかないか…
ばさっ
もっとスマートな解決方法があれば教えてください…
間もなく消灯いたします
じゃあ カーテン閉めるね
まって、トモコさん
はい コレ
すっ
FACEMASK
フェイスマスク？

※匂いがこもるので香りの強いものには注意

じゃあ休憩まで
ゆっくりしようか
使ってみるね
また
あとでね

サービスエリアでの休憩時間は、必ず1回以上あります
回数は距離やバス会社によってまちまち
ポーン
パッ

※ルートによっては下車できない場合もあります。

外気もちいい！
この開放感がいいよね
車結構停まってるんだね

バスの場所
忘れないように
しておかないと
すぐ戻るし
大丈夫でしょ
友達が
寝ぼけて
うっかり
違うバスに
乗っちゃって
あれ…
こんな
バスだっけ…
荷物が
違…
あ゛ー!!
あっちの
バス!!
もう少しで
知らない土地に
帰りそうに
なったことが…
しっかり
覚えとくわ
トイレから
まっすぐ正面
まっすぐ正面
TOILE
パウダー
スペース
よし

まだ時間あるし
売店ちょっと
見ていかない？
行く行く！
ガー‥
おお、お土産
いっぱいある
あ 限定モノ
サービスエリア
限定商品とか
一時期増えたよね
ご当地
コラボキャラ
発見
限定ってつい
惹かれちゃうん
だよね…

うどん
ラーメン
食器返却口
思ったより人が多いね！みんな夜行バスかな？
ザワ
ザワ
トラックの運転手さんも多いと思うよ
なるほど
飲み物とか足りそう？買ってく？
大丈夫、かりんちゃんは？
私はココアを買ってく！
あったかいのいいねー
私この自販機のコーヒーとココア好きなんだ
サービスエリアによくある
お気に入りの自販機とか初めて聞いたわ
おいしいの

こんな夜中に知らない土地にいるのって
カンパーイ
ちょっと不思議！
非日常感がハンパないわー
なんかしんみりするというか…
わかるちょっとなつかしいような
夜のサービスエリアはちょっと独特です

そろそろバスに戻ろうか
おー
23:25
出発5分前
トモコさんはトイレ近い人？
え？ 普通だと思うんだけど…
消灯後にトイレに行く時のアドバイス
自分の席がすぐわかるようにカーテンを開けて必ず目印を残しておいて！
ストールや荷物を置いとくとか
カーテンは開けただけだと振動で閉まるから、しっかり留めてね
とめる
荷物棚にひっかける.
あははなんか大げさだなーわかったよ
あのね

前夜中にトイレに
行きたくなって
席を立ったことが
あるんだけど…
はっ
しーん…
真っ暗で自分の席が
わからなくなって、
軽くパニックに
なったことがあるの
サァ…
!!
開けてたはずの
カーテン全部
閉まってる!!
半分寝ぼけてるし
暗くて座席番号
読めないし…
窓際
うしろの方…
大分うろうろして
ここだ!と思った所の
カーテンを開けて
手を延ばすと

別の人が寝てたらしく
うっかり顔をつかんで
叫びそうになったことが
あります…
ゾゾッ
ぺとり
あ゛あ゛ああああ!!?
その人がぐっすり
寝ててくれたから
助かったけど、
本当 心臓が
止まるかと思った
今もあの感触が忘れられない…
いや、その人
よく起きな
かったね
というわけで
マジで気をつけて
シャレにならない
ん 心に留めて
おくわ
バスあった
お帰りなさい

ふぅ
あったかい物
飲んだら
眠くなってきたよ
よかった！
はいコレ
ん？
目元温める
シート
すっ
HOT EYE MASK
どれだけ
コスメグッズ
もってきたの…
温かくすると
リラックスできるので
おススメです
アイマスクにも
なるよ！
ん
次起きたら
もう東京だよ
楽しみだね
ポーン
間もなく
消灯致します
おやすみ
フッ

ふー
ブブブ
ごそごそ
LINEかな
トモコさん？
トモコ
今
休憩したら
目がさえちゃった
フフッ
早く寝なよ
ねえもうすぐ県境
みたい！標識見えた
自由か…

隣にいるのに
こっそりやりとり
してるのが
おもしろい
なんだか…
“修学旅行で消灯時間の後
こっそりおしゃべりしたのを思いだす”
わかる
トモコさんは高校生の時に仲良くなった先輩です
なので学校行事で一緒に旅行した事はないのですが…
なんか「追体験」してる感じ

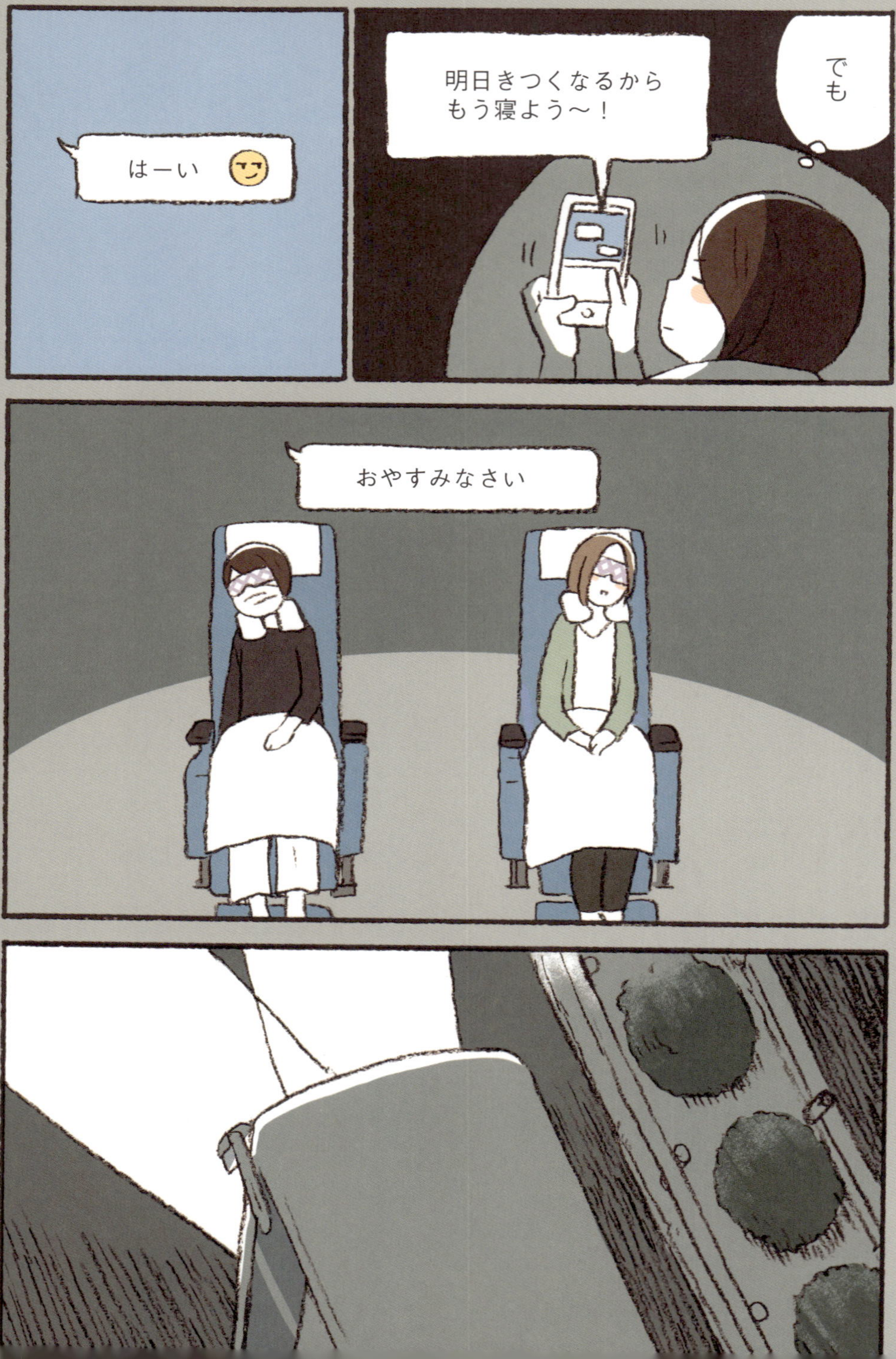
でも
明日きつくなるから
もう寝よう～！
はーい
おやすみなさい

私達が寝ている間にも バスは どんどん進みます

バスタ新宿
バスタ新宿
NEWoMan

新宿駅
Shinjuku Station

とっ
着いたー!
ん
新宿バスタ3F バスおりばフロア
予定より早く着いたね

ちゃんと寝れた?
うん！思ったよりしっかり寝れたよ！
よかった～
上の階がバスのりばで、トイレも広いんだよ
よし！ちゃちゃちゃっと準備して出発しよう！
おお！
4F バスのりば
B4
すごい！キレイ!!

空港みたい！
バスも次から次へと来るね
全国から集まってるんだもんね
キョロキョロ
コンビニも入ってるんだ！なんか楽しいねー！
ひとまずパウダールームに行こう
おお

ガヤ
ガヤ
さすがに トイレも広い! …けど
すごい人
やっぱり混んでるね
ずらり…
もう うしろにも 列が…!
到着時間のピークだもんね
時間 ずらしても いいけど…
いや、さっさと 行こう
洗面台 一緒に使おう
うん!

ウロッ
ぐいっ
トモコさん
にこ,
にこっ
あ
そうか 普通にトイレ使う人もいるもんね
そうそう ゆずり合わないとね
そういえばね、バス会社が提携してる待合室もあるんだよ

アメニティがそろっててヘアアイロン借りられたり
コスメ付のパウダールームとか
充電できるコンセント
make
Freewifi
ドリンクサービスとか
フィッティングルームでゆったり着がえたりネットしながら休めたり
朝ゆっくり過ごしたい時はそういうサービスのあるバス会社を選ぶのもいいかも
へー使ってみたい！
ただそういうのって都心の大きいターミナルにしかないから
くっ…
目的地に無いことの方が多いんだよね
そういう時はどうするの？

使いやすいのは
やっぱり
ネットカフェかな
シャワーも ついてて おススメ
24H NET CAFE
3H 6H 12H
スパとか
銭湯があれば
最高なんだけどね
銭湯!
湯
昔ながらの所が好き
朝から
大きいお風呂入るのは
贅沢してる感じで
いいね!
お風呂は
バスの疲れも
ふっとんで
いいよ!
でも朝から開いてる所は
少ないから、
やっぱりネカフェ
使うことが多いかな
仮眠も できるし
商店街がある ような街には 大体ある
行く前に調べとくと
何かあった時に
便利だよ!

あと、朝支度の時短方法のひとつ
洗顔シートで顔洗って、バスの中でスキンケアまで終わらせる
なんならベースメイクまでしちゃう!
えそうすればよかった
昔仕事で夜行バスに乗った時に、実際にしてました
揺れるからアイラインはムリか…
会社員時代の話です
次回はそうしよう
それでいいの?
朝の支度は気分で変えてみても楽しいと思います!
よし!準備できたし
行くぞ〜!

朝一番なら
ロッカーも空いています!

第4章

朝もお楽しみたくさん！

JR
原宿駅
わあっ
明治神宮
駅からこんなに近いと思わなかった

自然が多いね
サクッ
サクッ
原宿とは思えないわ
サクッ
ザワ ザワ
もっと人少ないかと思ってたけど、意外といるね
ね
ひそ ひそ
やっぱりみんな朝の爽やかな時間に参拝したいんだよ
気持ちいいもんね

手水舎あった
おお！
広いねー！

まずは参拝してぐるっと回ろうか
私達が明治神宮を訪れたのは、まだ9時前
思っていたよりにぎわっていましたが
祈願文納所
混雑しているわけでもなく
とても気持ちよく参拝ができました
おみくじを引いて
大御心
御守
お守りを買いました

清々しい気分
やっぱり神社は朝が一番気持ちいいね
ザッ
ザッ
なんか人増えてきたね
ガヤ
ガヤ
本当だ！海外の人が多いね
やっぱり朝一番に来てよかった
明治神宮は初詣参拝客数が日本一という、海外でも有名な神社さん
観光客も多いので混まないうちに行くのがおススメです

さて、場所を移して
お次は朝市
わあ～!!
すごい、なんかおしゃれ！
ガヤガヤ
フランスのマルシェみたい～！
今回は青山のファーマーズマーケットへやってきました
こちらは毎週土日に開催されているそうです
お花屋さんも素敵…
旅先じゃなければ野菜とか色々買って帰るのに…
有機 にんじん
わかる

ジューススタンド出てるよ！
JUICE
JUICE
私さっきの所でパン買ってくる
ここでようやく少し遅めの朝ごはん！
いただきまーす！
わ〜！朝から豪華〜！
COFFEE
フフッ これがやりたかったんだよ〜
おいし〜！
そうだ、ねえねえ

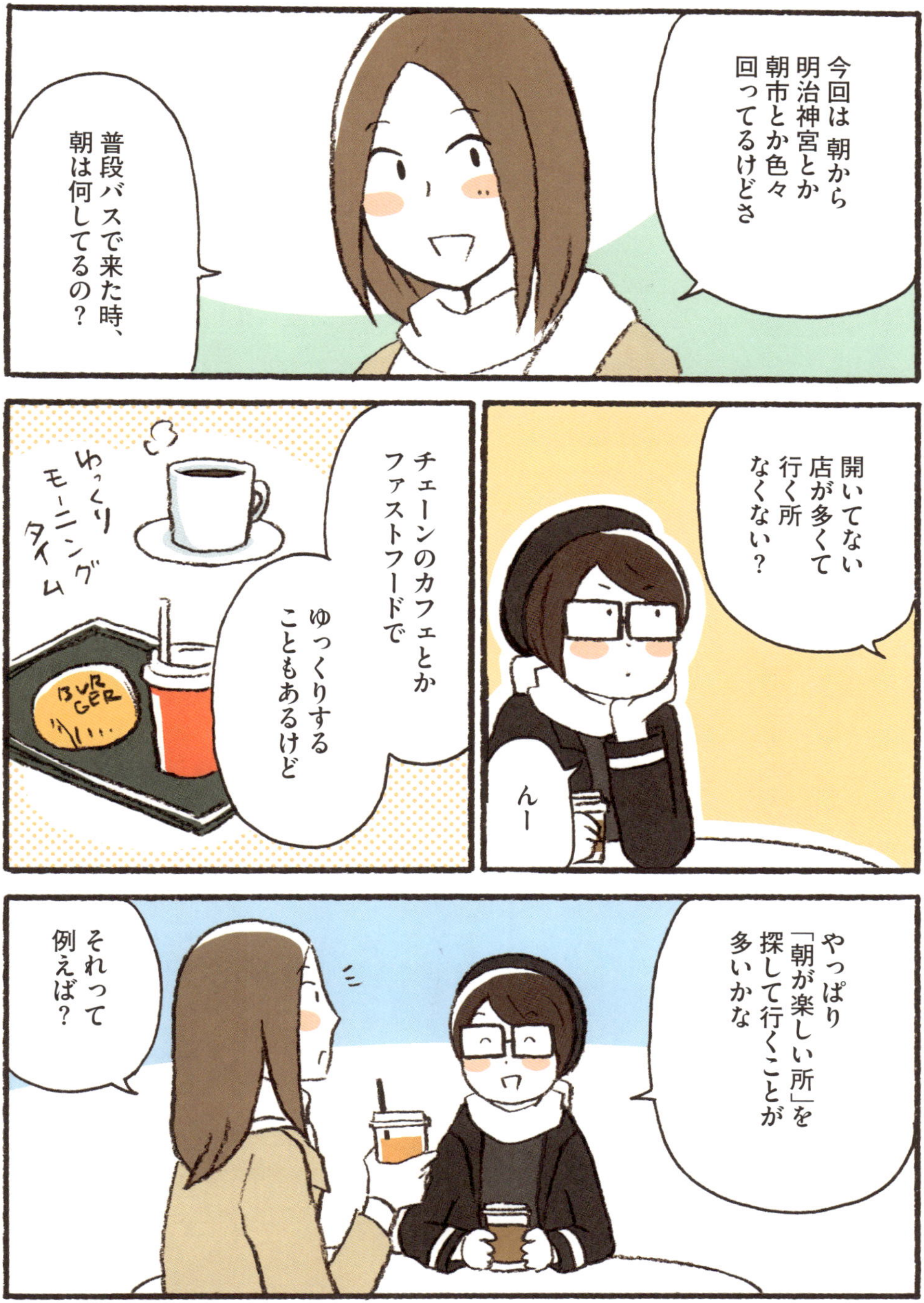
今回は 朝から明治神宮とか朝市とか色々回ってるけどさ
普段バスで来た時、朝は何してるの？
開いてない店が多くて行く所なくない？
んー
チェーンのカフェとかファストフードで
ゆっくりすることもあるけど
ゆっくりモーニングタイム
BURGER
やっぱり「朝が楽しい所」を探して行くことが多いかな
それって例えば？

たとえば築地に行って朝ごはん食べたり
朝から海鮮ドーン!
回転ずし
築地!!
モーニングを食べに人気の喫茶店に行ったり
古い喫茶店が好き
そうだ!前に金沢へ行ったんだけど
兼六園ってあるじゃん
えーっと三名園だっけ
そう!
行く前に調べたら
早朝開園っていうのがあるのを見つけて
早朝開園について
それが通常の開園時間の前に
無料で入れるっていうものだったの!

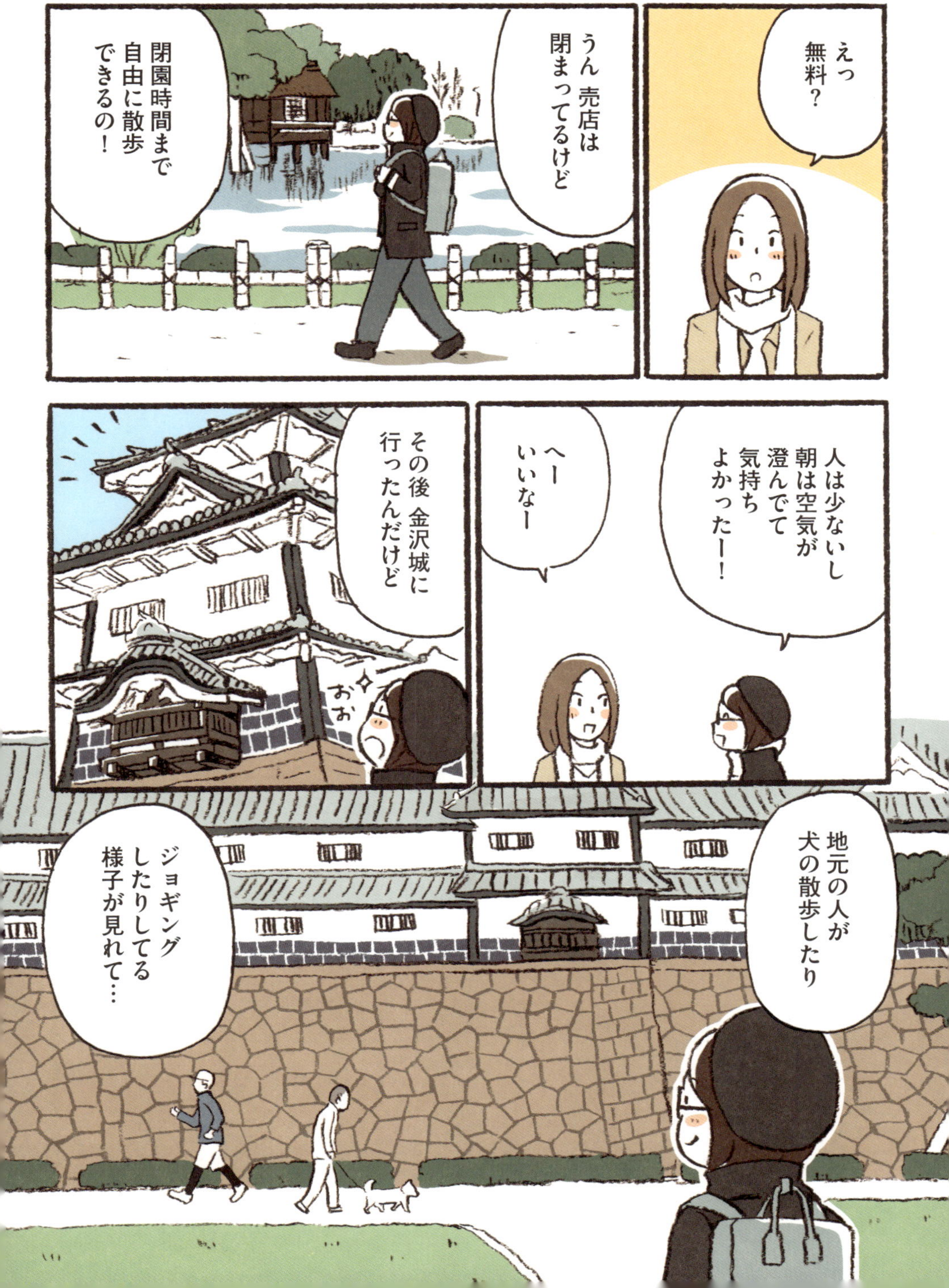
えっ
無料？
うん 売店は
閉まってるけど
閉園時間まで
自由に散歩
できるの！
人は少ないし
朝は空気が
澄んでて
気持ち
よかったー！
へー
いいなー
その後 金沢城に
行ったんだけど
おお
地元の人が
犬の散歩したり
ジョギング
したりしてる
様子が見れて…

なんだかその土地の素顔が見れた感じがして
すごく楽しかったな
なるほど
いつも旅行で行く時間帯から少しズレるから
違う景色が見られるのかもね
うん、そんな感じ！
一回行った所でも雰囲気が変わるからおもしろい！
あとお城や神社は特に朝の時間が似合う気がする！
"どーん"と厳かな雰囲気
それはなんかわかる

あとは今日みたいな朝市とか
手作り市とかあれば寄ってるかな
手作り市？
楽しそう！
おもしろいよ～
大体午後までやってるんだけど
人気のお店は午前中で売り切れちゃったりするんだよー
あー
やっぱり行くなら朝一番がいいと思う
めっちゃ楽しんでるんだね！朝から元気だなー
いやいや、バス降りてすぐぐったりしちゃうこともあるよー！
なぜか全然眠れなかったりして…
そうなの？

そういう時は迷わず休憩！
疲れた時は無理せずしっかり休むのも旅を楽しむポイントかなぁ…
フラットシートサイコー!!
もう若くはないしね…
inネットカフェ
←30代→
ネカフェもモーニングサービスしてる所が多いんだよ！
3時間980円とか
朝食付フリータイム1980円とか
へー！
気づいたら手元の会員証10枚位になってた
なるほどね
朝行ける所って意外と多いんだね
おススメ！
調べてみたらいろんな所があるから、本当おもしろいよ！

今まで朝に注目して旅行の予定を考えたことなかったわ
選べる幅が広がると楽しいよー!
ごちそうさまでした!
そろそろ移動しようか
すっ
そういえば今何時?
まだ10時すぎだよ
え!?
もうすでにお昼くらいの感覚だよ
朝から動くと一日が長く感じるよね
すごい得した気分!!

朝ごはんはしっかり食べたし
時間はまだまだたっぷりあるし
今日明日、余すことなく遊びきろう!
わーい!!

コラム⑤ おみくじあれこれ

明治神宮のおみくじ、正式には
「大御心（おおみごころ）」という名前の
明治神宮独自のおみくじです。
（吉凶ではなく、明治天皇・昭憲天皇の
詩文や和歌が書かれています）

紙製の台紙もいただけます！

明治神宮に限らず、実は
神社さん独自のおみくじって色々あるんです！
変わったおみくじがあるとついつい手がのびて…
私の密かな楽しみのひとつです。

地元岡山・吉備津彦神社の白桃おみくじ
陶器の桃！

福岡・太宰府天満宮の鷽鳥（うそどり）おみくじ
筒の中におみくじが！
福岡の伝統工芸「木うそ」がモチーフ

表情もいろいろ！
島根・日御崎神社のだるまおみくじ
だるまさんモチーフは他の神社にもあるみたい！

朝立ち寄った神社で出会ったかわいい
おみくじ集め！なんて楽しみ方もいかがでしょう？

エピローグ
んー
力いっっぱい遊んだー!!
マンゾクー!
楽しかったねー!
夕方も混んでそうだから 早目に帰り支度しよう
そうだね

ふー
どさっ
あーもう帰るのか…
あっという間だったね…
ねえ
夜行バス旅、どうだった?
これからまた乗るけど
うーん
思ってたより快適だったな!

前に乗った時と全然違ったし
ぎゅう ぎゅう
乗る前に色々ポイントを教えてもらえたし
楽しく乗れたよ！
！
よかったー！
ほっ
結構 無理矢理誘ったから、内心ヒヤヒヤしてたんだ
そうなの？
その割にはぐいぐいきてたけど…

ねえ
今度は朝たっぷり遊べる旅行の計画を立てようね
!!
うん！
みなさまどうぞ良い夜行バス旅を！

あとがき

『夜行バスで出かけましょう』をお読みいただき、ありがとうございました!
しんどいと敬遠されがちな夜行バスですが、少しでも興味を持っていただけたり、
旅行気分を楽しんでいただけたなら嬉しいです。
そしてこれをきっかけに、実際に夜行バスで旅に出られる方がいらしたら……
少しでも快適で楽しい時間を過ごされることを、心よりお祈りいたします!

コミックエッセイの森

夜行《やこう》バスで出《で》かけましょう

2018年12月13日第1刷

著者
小川《おがわ》かりん
ブックデザイン
鈴木成一デザイン室
発行人
堅田浩二
DTP
松井和彌
発行所
株式会社イースト・プレス
〒101-0051 東京都千代田区神田神保町2-4-7 久月神田ビル
TEL: 03-5213-4700 FAX: 03-5213-4701
http://www.eastpress.co.jp
印刷
中央精版印刷株式会社
ISBN978-4-7816-1731-2 C0095